बस एक शुरुआत है।

जीवन परिचय

अनन्या मल्ल

मां शारदे

वीणा वाली मां तुझको शत-शत नमन

करते हैं तुमको अर्पित सुमन आज हम।

मुझ पर इतना इनायत तु कर देना।

लेखनी और पुस्तक से सज मैं सकूं।

आज कुछ ऐसी रचना मैं कर सकूं।

और हर गीत तुझको मैं अर्पण करू।

मां

जन्म देने वाली मां तु हैं पहली गुरु।

यह शिष्या तेरे ही लहू से बनी।

शब्द नहीं कुछ कह सकूं।

मां तुझे सादर प्रणाम।

गुरु

गुरु की छाया में जीवन बीत रहा है।

यह शिष्या अपना लक्ष्य लिख रही है।

आपकी दी गई शिक्षा को एक मालाओं में गूथ रही है।

कोशिश यही है कि अनन्या बन रही है ।

क्रम-सूची

क्रम-सूची

भूमिका

जीवन परिचय

नाम-अनन्या मल्ल

निवासी-आई0टी0आई0 जेल रोड देवरिया

मूल निवासी-ग्राम बरडीहा नथमल, पोस्ट टेकुआ, जिला देवरिया

उम्र-17 वर्ष

अनन्या अपनी छोटी सी उम्र में बड़े विकल्पों का सोच रखती हैं। केंद्रीय अकादमी देवरिया से बारहवीं तक की इनकी शिक्षा संपन्न हुई है। उच्च शिक्षा इनकी जारी है । पढ़ाई के साथ-साथ कविताएं और कहानियां लिखने में रुचि रखती हैं एवं खेलकूद में भी भाग लिया करती थी। हाला की परिस्थितियां जटिल है इनके जीवन में, पर कहते हैं जहां चाह वहां राह है। इनकी माता श्रीमती निर्मला देवी इनके लिए गर्व एवं सम्मानीय हैं। इन्हें प्रकृति एवं जीव जंतुओं से अत्यधिक लगाव है। इनके विचार और शायरियों का संग्रह प्रशंसनीय है। इनकी पहली पुस्तक(बस एक शुरुआ है) आपके हाथों में। एवं आने वाले कुछ समय में दूसरी पुस्तक आपके हाथों में होगी।

धन्यवाद।

विचार

सबर कर इतना की लाखो आवाज बंद हो जाए।
सफल हो इतना की अनगिनत लोग पीछे पड़ जाए।
दुआएं तो लाखों मिल जाएंगे इस जमाने में।
उम्मीद दिलाने वालों की कमी कहा है।
सफलता को देखकर किसी के खुश हो जाए जो।
ऐसे लोगों की बस्ती कहा है।
अनन्या

1. मन में दृढ़ संकल्प धर

हार मत बड़ चल।
मन में दृढ़ संकल्प धर।
अगर रुके यह कदम रोकना मत विश्वास हरदम।
मन में दृढ़ संकल्प धर अगर रुकें ये कदम।
दुनिया हरदम ताने ही मारेगी
पर तेरी कामयाबी की डोर कभी नहीं टूटेगी।
मन में दृढ़ संकल्प अगर रुके यह कदम।
अगर परिस्थिति जटिल हो जाए।
बंद हो जाए सारे रास्ते।
मन के पथ का वो डगर।
खोल के तू फिर चल।
मन में दृढ़ संकल्प धर।
अगर रुके यह कदम।
छोड़ना मत विश्वास हरदम।
समय खेल खेलती है।
हर इम्ताह में आजमाती है तुझको।
समय को मात देकर आजमा ले तो खुद को।
मन में दृढ़ संकल्प धर। अगर रुके यह कदम।
ईश्वर नहीं गलत ना ही उसकी माया गलत।
जो फसेगा उसकी जाल में वो ही इस खेल का विजयी है।
हर राह पर उसके खेल का इंसान ही खिलाड़ी है
मन में दृढ़ संकल्प धर अगर रुके ये कदम।

2. अभी शेष है।

एक राग उद्गार का अलाप रहा हूं।
उन्मादो से भरी जिंदगी में।
योवन की कुछ बात शेष है।
मन में अभी अवसाद शेष है।
सपनों में मैं भाव सागर का परिक्रमा भी कर आया हूं।
और एक रचना प्रसाद का भी कर आया हूं।
शीतल वाणी में अतीत के संग कुछ बात शेष है।
मन में अभी अवसाद शेष है।
पंथी में मादकता से उभर कर इस विकल मन को समझा
आया हूं।
अपूर्ण संसार की प्रत्याशा में कुछ बात शेष है।
मन में अभी अवसाद शेष है।
शरद के पावन समय में भी वसंत के सूरज को चमका आया
हूं।
झूम रही इस प्रकृति में भी कुछ बात शेष है।
मन में अभी अवसाद शेष है।
इस दुनिया के तमाशबीनो के लिए कुछ बात छोड़ आया।
परंतु हमारे करतब में कुछ बातें शेष है।
मन में अभी अवसाद शेष है।

3. शरहद के तीर

मरहूम की यादें मशहूर हो जाती है।

क्षण भर में उनकी नसीहत कुछ फरमा जाती हैं।

उनका वह अंदाजा कभी न जाया जाता है।

क्या भविष्य फरमाएगा वह बतला के जाते हैं।

उनके हर बोली में स्वतंत्रता की झलक दिखाई देती है।

यही ताप दिल में उस स्वतंत्रता की भूख को ताजा करती है।

दुखांत हुआ तो क्या हुआ करुणोत्पादक था वो।

वह कोई और नहीं देश के खातिर मरने वाला शहीद था वो।

विपद परिस्थिति में ना घबराए धीर चित का सारांश था।

ऐसी तड़प उठी मन में मरने का खौफ था।

दुश्मनों का दिल चीर के तिरंगे का कर्ज चुकाना था।

यह एक शहीद के मुख से निकली तीर समान बोली थी।

इस भूमि में लिपटी उन वीर शहीदों की रक्त रंगोली है।

जटिल समय आया देश में जब वह शहीद होते रहे।

बे खौफ मृत्यु को गले लगाकर अमर हो गए

इस तरह से शरद के वीर मशहूर हो गए।

वीर शहीद अवश्य हुए हैं।

उन्होंने हमें सौगात दिए हैं।

अपने ही खून से भारत मां की जय लिख चले हैं।

4. पगडंडी वाले सड़कों पर

अक्सर मिला करते थे ।

कुछ देर बैठ कर बातें किया करते थे।

जब खेतों में पीली सरसों हिलोरे लेते थे।

उनके संग हम भी हंस लिया करते थे।

और कहीं दरिया दिख जाए तो कंकड़ मारने से ना चुकते थे।

पगडंडी वाले सड़कों पर अक्सर मिला करते थे।

शाम ढले कहीं बगिया में इंतजार किया करते थे।

डूबते सूरज को देख कर बिछड़ने का एहसास किया करते थे।

रातों को सितारों की दुनिया में उसे याद किया करते थे।

लगता था शायद उससे प्यार किया करते थे।

पगडंडी वाले सड़कों पर अक्सर मिला करते थे।

जो हर लम्हा साथ चलता था आज भी हम उसे परछाई बना के साथ चलते हैं।

और इस शायरी गजलों में उसे अक्सर शामिल किया करते हैं ।

पगडंडी वाले सड़कों पर अक्सर मिला करते थे।

कुछ देर बैठ कर बातें किया करते थे।

5. खत

लिख रही हूं जो खत ये क्या खुदा कबूल करेगा।
मेरी कुछ ख्वाहिश है पूरा करने में क्या साथ देगा।
जो बेड़ियां बधी है पैरों में एक बार खोलकर उड़ने का साहस देगा।
लिख रही हूं जो खत यह क्या खुदा कबूल करेगा?
जो भूल गए हैं रास्ते मंजिल मिल नहीं रही।
क्या एक बार फिर उस राह पर चलने का रास्ता बताएगा?
जो हो गई है बंजर जमीन एक बार फिर सुमन को खिल जाने का इजाजत देगा।
लिख रही हूं जो खाती है क्या खुदा कबूल करेगा।
इस अंजान सी दुनिया में क्या साथी बनकर साथ चलेगा।
जैसी जुड़ी यह पतंग मांजे के संग क्या तू भी मेरे संग जुड़ा रहेगा।
लिख रही हूं जो खत ये क्या खुदा कबूल करेगा।

6. मां का त्याग

इस मतलब की दुनिया में एक मां ही सच्ची साथी है।
कठोरता की मूरत भी है जो सरहद पर अपना बेटा भेज रही है।
निर्मल मन से पूर्ण भी है जो दुआ बनकर साथ चल रही है।
इस मतलब की दुनिया में एक मां ही सच्ची
साथी है।
अपने सौर्य के इंतजार में उसकी आंखें नींद ना लेती हैं ।
शरहद से आने वाली हवा से बेटे को महसूस कर लेती है।
इस मतलब की दुनिया में एक मा ही सच्ची
साथी है ।
मन विचलित होता है अंदर ही अंदर रोता है।
जब एक मा दूसरे मां की रक्षा के लिए अपने बेटे का बलिदान देती है।
इस मतलब की दुनिया में एक मा ही सच्ची साथी है ।
जब जब इस देश की माताएं अपने बेटे
को तिरंगे में देखती है।
मां का दिल तो रोता है फिर भी पत्थर बन कर गर्व से खड़ी रहती है ।
इस मतलब की दुनिया में एक मां ही सच्ची साथी है।
उस मां की आंखें सब कुछ बयां कर देती है ।
परंतु मां अपने बेटे के खोने का दर्द जुआ पर ना लाती हैं।
उसे अंतिम समय में भी मा अपने बेटे को गर्व विदा करती है।

व्याख्या-एक मां का त्याग ही सच्चे साथी की पहचान है जो अपने वीर पुत्र को कभी झुकने नहीं दिया।

7. मेरे लिए लेखन।

मेरे लिए लेखन अनुभव का सागर है।
विचारों से ओतप्रोत प्रेम का उजागर है।
खालीपन को भरकर खुश रहने का जरिया है।
मन की विहलता को एक नई उड़ान देने का परिंदा है।
मेरे लिए लेखन अनुभव का सागर है।
अच्छे विचारों का भ्रमण है सूरज सी चमक है।
फूलों सा खिलना है तो कहीं परिंदों जैसा होना है।
मेरे लिए लेखन अनुभव का सागर है।
रुकती कदमों को एक नई दिशा देना है।
जमी पर रहकर आसमान को छूना है।
मेरे लिए लेखन अनुभव का सागर है।
अंधविश्वास का अंत है तो विश्वास का आरंभ है।
जैसा सुकून है संगीत में वैसा यह गीत।
मेरे लिए लेखन अनुभव का सागर है।

8. एक बार ओ कान्हा।

एक बार ओ कान्हा अपनी बंसी बजा दे।
प्रेम को जो समझौता समझ कर बैठे हैं उन्हें फिर से अपनी
लीला दिखा दे।
एक बार ओ कान्हा अपनी बंसी बजा दे।
खो गया है यह संसार फस गया है किसी बंधन में।
प्रेम तो स्वतंत्र होता है अब तू ही बता दे।
एक बार ओ कान्हा अपनी बंसी बजा दे।
जिनके दिलों में अंधेरा सज रहा है।
उनके दिलों में एक प्रेम सा दीपक जला दे।
एक बार ओ कान्हा अपनी बंसी बजा दे।
हो अगर मुमकिन तो अपनी प्रेम लीला दिखा दे।
प्रेम एक श्रृंगार है यह सबको बता दे।
एक बार ओ कान्हा अपनी बंसी बजा दे।

9. यूं ही।

यूं ही मुस्कुराता आंगन होगा पिता से ही खुशियों की आहट होगी।

जब तक उसकी छांव में है कभी किसी चीज की कमी ना होगी।

यूं ही घर में रोशनी होगी।

पिता से ही बगियो में हरियाली होगी।

जब तक उसकी छांव में है कभी किसी चीज की कमी ना होगी।

यूं ही हमेशा प्रेम रहेगा पिता से ही आशाएं रहेगी । जब तक उसकी छांव में है कभी किसी चीज की कमी ना होगी।

10. सब्र

चुपके से आती है कुछ कह कर जाती है।
मेरे सपनों की दुनिया में वह खूबसूरत गीत गाती है।
नई रोशनी के जैसे कुछ यूं चमकती है ।
मन में आशा की किरण जगाती है।
हर सवालों का जवाब देती है।
धैर रख बस यही सिखाती है।
अंजान सी दुनिया में जीना सिखाती है ।
किस्म- किस्म के जख्मों का दर्द बताती है।
कोई और नहीं (सब्र) है जो हर जख्म का इलाज बताती है।

11. सितारा

इंसान खुद में ही अक्सर शीशे की तरह टूट कर बिखर जाता है।
जुड़ने की कोशिश करके भी जुड़ नहीं पाता हैं।
सितारों की दुनिया में कुछ ऐसा ही होता है।
बस फर्क इतना है वो खुद टूट कर दूसरे की मुराद पूरी करता है।

12. कदम

• 13 •

चलते-चलते* न जाने किस मोड़ पर रुक गए ये कदम।
पीछे मुड़कर देखा तो हो गए थे भरम।
रास्ते आसान करने के मोह में फंस गए थे हम।
ना मंजिल का ठिकाना था
ना किसी की मदद करने की कोई उम्मीद।
खुद के बनाए रास्ते पर भटक गए थे हम।

13. मातृभूमि की श्रृंगार है हिंदी।

कठिन शब्द का सरल प्रमाण है हिंदी।
प्रकृति के जैसे सुंदर दृश्य है हिंदी।
कोयल जैसी मधुर आवाज है हिंदी।
नदियों जैसे निरंतर प्रवाह है हिंदी।
मेघ के जैसे गरजती भी है हिंदी।
वर्षा के जैसे बरसती भी है हिंदी।
हर भाषा में एक अलग पहचान हिंदी।
हिंदुस्तान की अभिमान हिंदी।

14. सीतम

• 15

हिंदी बोल रही है।
कहने को आसान हूं मैं।
कठिन शब्द का सरल प्रमाण हूं मैं।
हिंदुस्तान की पहचान हूं मैं।
फिर क्यों मिटा रहे हैं मुझे कुछ इस तरह जैसे कि गुनहगार
हूं मैं।

15. हिंदी जुबान या पहचान

अपनी भाषा से ही उन्नति संभव है, क्योंकि यही सारी उन्नतियों का मूलाधार है।

मातृभाषा के ज्ञान के बिना हृदय की पीड़ा का निवारण संभव नहीं है।

हिंदी दिवस पूरे भारतवर्ष में 14 सितंबर को मनाया जाता है।

लेख के शीर्षक को ध्यान में रखते हुए मन को पीड़ा देने वाले हिंदी जुबान या पहचान आज भी प्रश्न उठ रहे हैं। हिंदी बोलने वाले आज भी गर्व से हिंदी नहीं बोलते इसका कारण यही है कि आज भी लोग अंग्रेजी ,स्पेनिश जैसे भाषाओं को सीखते हैं अथवा बोलते हैं ।इसी कारणवश हिंदी ना जुबान है ना पहचान है। अगर एक दिन भोजन मिलने से हमारा पेट नहीं भर सकता तो हिंदी को क्यों सिर्फ लोग एक दिन ही बोलते हैं मनाते हैं। आज हिंदी कुछ इस तरह से अपना दर्द बयां कर रही है:

कि कहते हैं आसान हूं मैं ।कठिन शब्द का सरल प्रमाण हूं मैं।

हिंदुस्तान की पहचान हूं मैं।

फिर क्यों मिटा रहे हैं मुझे कुछ इस तरह जैसे कि गुनहगार हूं मैं।

इस पूरे विश्व में सभी अपनी भाषाओं को राष्ट्र का दर्जा देकर गर्व एवं अभिमान के साथ बोलते हैं। एक हिंदुस्तान

मात्र देश हिंदी को राज्य भाषा तक ही सीमित रखा है।

एक उदाहरण लेते हैं मॉरीशस एक ऐसा देश है जो गर्व से भोजपुरी बोलता है एवं भोजपुरी को राष्ट्रभाषा का दर्जा देकर भोजपुरी की मान्यता को प्रकाशित किया।

यह तो एकमात्र उदाहरण है, ऐसे अनेक देश जो गर्व से अपनी भाषाओं को बोलते हैं एवं उन्हें राष्ट्र भाषा का दर्जा देकर उनका सम्मान करते हैं।

हमारे दृष्टिकोण से हिंदी त्यौहार नहीं है हिंदी मातृभूमि की श्रृंगार है। नदियों की प्रवाह जो निरंतर बहती जानी चाहिए दुनिया के किसी भी कोने में जाए हमें हमारी पहचान को हमेशा जिंदा रखना चाहिए।

16. उसकी दिवाली।

उसकी दिवाली कैसी होगी जिसका बेटा घर ना आया हो।
जिसका भाई तौफा ना लाया हो।
सीमा पर लड़ने के लिए अपनी पत्नी का सिंदूर दांव पर
लगाया हो।
उसकी दिवाली कैसी होगी।
दोस्तों मैं उसका खालीपन दोस्तों को ना भा रहा हो।
उसकी दिवाली कैसी होगी जिसका बेटा घर ना आया हो।
अचानक पवन के झोंके ने एक संदेश भेजा।
मां के आंगन की रोशनी बुझ गई मां को यह ना दिखा।
घर के सामने सिपाहियों को देखकर मां ने सोचा बेटा घर
आया है।
बहन खिलखिला उठी भाई जरूर तौफ लाया है।
पर यह क्या से क्या हो गया।
मां के आंचल से लग कर घर की रंगोली बिखर गई।
पत्नी का सिंदूर भी उस शिखर पर लुट गई।
एक बहन का भाई तिरंगे में लिपट के घर आया है।
उसकी दिवाली कैसी होगी जिसका बेटा इस तरह से घर
आया हो।
आओ करें उन्हें सलाम जिसके कारण हर दीवाली हमने
खुशियां पाई है।
खुद के घर अंधेरा करके जिन्होंने हमें रोशनी दिलाई है।

17. मां कहती है।

इसरार भी किया जीवन रीत भी बदली थी।
बदतर वक्त था तालीम वैसी ना मिली थी।
आधुनिक संपूर्ण जीवन कभी नहीं मिला था।
निर्धारित स्तर पर जीने की आदी बन गए थे।
बदतर वक्त था तालीम वैसी ना मिली थी।
जो ताक मिलती अपने सपने को पूरा करने को।
भयभीत होकर उसे छोड़ देती थी।
अस्त व्यस्त अलमस्त जीवन जीने की आदत बन गई थी।
बदतर वक्त था तालीम वैसी ना मिली थी।
आकांक्षाएं हमारी बस उस आग में जलकर राख हो गई।
और एक दिन जब सौदा हुआ तो कोई उम्मीद भी ना रह गई थी।
दरिया में भी नौका डूब गई सपने पीछे छूट गए।
बदतर वक्त था तालीम वैसी ना मिली थी

18. शरद ऋतू

उसकी एक खूबसूरत सुबह मन को लुभा ले जाती है ।
धीरे-धीरे सिरहन सिरहन शरद ऋतु यूं आता है ।
प्रकृति की अभिनव सस्य पर एक श्वेत चादर लग जाता है ।
और अच्छादित वह सूरज इंतजार कराता है ।
देखकर ऐसे दृश्य को लगता है नभ भव मिल जाता है ।
सुकुमार शैशव प्रफुल्ल होकर इस सरद का आनंद लेते हैं।
सिल्ली और कंडे की सहारे गर्माहट को लाते हैं ।
कुंचित और कंपायेमान को पुलओवर के सहारे ढकते हैं।
शरद ऋतु में हमारे जवान शिखर पर डट के लड़ते हैं।
तभी तो इस शरद के पावन ऋतु का आनंद हम लेते है।

19. सोचा ना था।

कभी सोचा ना था मा तेरी छाव मिलेगी।
कभी सोचा ना था तेरे पैरों की धूल मिलेगा।
कभी सोचा ना था मरने के बाद यह तिरंगा कफन मिलेगा।
कभी सोचा ना था इस तिरंगे की खुशबू पूरे देश में फैलेगी।
मिले अगर मनुष्य का जन्म तो तेरी ही रक्षा में सर कटा दिए जाए।
बस इतना उपकार करना मा इस चंदन जैसी मिट्टी में दफना दिए जाए।

20. जब हमे हमारा लक्ष्य मिल जाता है ।

सारे भरम मिट जाते हैं, नए प्रकाश का आगमन होता है।
जब हमें हमारा लक्ष्य मिल जाता है।
आशाओं के पंख लग जाते हैं, नया रास्ता बन जाता है।
रातों के अंधेरों में भी दिल का प्रकाश जाग उठता है।
जब हमें हमारा लक्ष्य मिला जाता है।
रुके हुए कदम अपनी नई दिशा बना लेते हैं।
मन की उलझन का समाधान निकल जाता है।
जब हमें हमारा लक्ष्य मिल जाता है।
मुश्किलों में भी चेहरे पर मुस्कान बनी रहती है।
बस अब जीना भी थोड़ा आसान सा लगता है।
जब हमें हमारा लक्ष्य मिल जाता है।

21. पंख

कैसे उड़ पाऊं मैं कट गए मेरे पंख।
मिट गए सारे अंश बिखर गए वह सपने कट गए मेरे पंख।
आसमान में उड़ने की चाह थी मेरे दिल में।
उड़ने से पहले गिर गए कट गए मेरे पंख।
स्वतंत्रता है अधिकार हमारा रुक गए ऐसे कदम
ऐसा हो गया कल कट गए मेरे पंख
न जाने कितने गम भुला कर उड़ने की है कोशिश की।
फिर भी कट गए पंख।
अब धरूंगी रूप अनेक अब करूंगी काम हो सारा जिस पर
है अधिकार हमारा।
हर बेटी के मुख से निकली यही अनुपम धारा।
अब न रुकूंगी अब चलूंगी लग गए मेरे पंख।
अब उड़ कर दिखलाऊगी २
अब मारोगे नर्क मिलेगा। स्वर्ग में ना स्थान मिलेगा।
जितना अश्रु बहाओगे बेटी का। उतना तुम को दंड मिलेगा।

22. सोच अभी पुरानी है।

सोच रही थी उस कोख में बैठे इस नर्क से कब निकलूंगी।

पर क्या पता था इस संसार में हैवानियत का शिकार बनूंगी।

अपने पंखों को फैलाकर उड़ान भरने वाली थी।

पर क्या पता था उस चारदीवारी में बंद मैं ही रहने वाली
थी।

सुबह की रोशनी से समझौता करने वाली थी।

पर क्या पता था रसोई की उस आग में झुलस के मैं ही
मरने वाली थी।

किताबों से दोस्ती करके उसके साथ चलने वाली थी।

पर क्या पता था एक अनजान रिश्ते में समय से पहले
बधने वाली थी।

सोच रही थी मुक्त हो
जाऊंगी सब बंधनों से इस बार।

पर क्या पता था अभी भी दर्द शेष है जीवन में।

अभी तो घर से निकले हैं एक लंबी यात्रा बाकी है।

बस एक शुरुआत है अभी पूरी कहानी बाकी है।

नदियों नदियों को मिलाकर समंदर गणना बाकी है।

बस एक शुरुआत है अभी पूरी कहानी बाकी है।

बेटी तो बन चुकी हूं अभी अनन्या बनना बाकी है।

बस एक शुरुआत है अभी पूरी कहानी बाकी है।

23. मन की बात।

मन में अच्छी भावना रखना मनुष्य के गुणों में से एक गुण है।

आज अनन्या एक चमकता सितारा बनना चाहती है जो टूटने पर भी किसी की मुराद पूरी करती है।

प्रकृति से लगाव मतलब ईश्वर से लगाव और प्रकृति के समान हर परिस्थिति में वह खुद को ढालने की कोशिश व्यक्ति को उसके मुकाम तक पहुंचाने में मदद करती है।

बड़ों का आदर और सम्मान हमारे लिए का आशीर्वाद बनकर आता है जो मुश्किलों को कम करने में एक औषधि का काम करता है।

एक कदम मैं भी उठा रही हूं बस एक कोशिश करके अनन्या बन रही हु।

क्षमा याचना।

मैं अनन्या आप सभी पाठकों से विनम्र निवेदन करते हुए यह कहना चाहती हूं कि मेरी लिखी हुई कविताएं ,कहानी विचार एवं भाव से भरी पंक्तियों में कोई त्रुटि हो तो क्षमा करें। मेरी पहली पुस्तक को अपना आशीर्वाद देकर मुझे कृतार्थ करें ।

आगे मेरी पूरी कोशिश रहेगी कि मैं आप सभी पाठकों के लिए इससे अच्छा और भाव से भरी रचनाओं को आपके समक्ष रखने का प्रयास करूंगी।

एक नए युग की तरह नई बातों का उल्लेख करूंगी।।

आप सभी पाठकों को मेरा प्रणाम।

www.ingramcontent.com/pod-product-compliance
Lightning Source LLC
Chambersburg PA
CBHW021153130726
47988CB00004B/1589